California en el siglo XX

Nicole M. Korte

Asesores

Kristina Jovin, M.A.T.
Distrito Escolar Unificado Alvord
Maestra del Año

Bijan Kazerooni, M.A.
Departamento de Historia
Universidad Chapman

Créditos de publicación

Rachelle Cracchiolo, M.S.Ed., *Editora comercial*
Conni Medina, M.A.Ed., *Redactora jefa*
Emily R. Smith, M.A.Ed., *Realizadora de la serie*
June Kikuchi, *Directora de contenido*
Caroline Gasca, M.S.Ed., *Editora superior*
Marc Pioch, M.A.Ed., y Susan Daddis, M.A.Ed., *Editores*
Sam Morales, M.A., *Editor asociado*
Courtney Roberson, *Diseñadora gráfica superior*
Jill Malcolm, *Diseñadora gráfica básica*

Créditos de imágenes: portada y págs.1, 20–21 Hans Blossey/Alamy Stock Photo; pág.4 (recuadro) Zephyr/Science Source; pág.6 Movie Poster Image Art/Getty Images; pág.7 (recuadro) Underwood Archives/ Getty Images, (página entera) Library of Congress [LC-USZ62-111991], (superior) Archive Image/Alamy Stock Photo; págs.8–9 De California Historical Society Collection at the University of Southern California; pág.9 (superior) Curt Teich Postcard Archives Heritage Images/ Newscom; pág.10 (inferior) Library of Congress [LC-DIG-fsa-8b26859]; pág.12 Library of Congress [LC-DIG-ppprs-00226]; pág.13 Library of Congress [LC-USW33-028626-C]; págs.14 (superior), 29 (centro) National Archives and Records Administration [535803]; págs.14–15 Library of Congress [LC-DIG-fsa-8d31931]; pág.15 (inferior) Library of Congress [LC-DIG-hec-13248]; pág.17 Rue des Archives/Granger, NYC; pág.18 ullstein bild/Granger, NYC; pág.19 Chris Kjobech, sin título (Free Speech Movement), 20 de noviembre, 1964. Acuarela sobre papel, 10.25 × 13 in. The Oakland Tribune Collection, the Oakland Museum of California. Presente de ANG Newspapers; pág.21 Reuters/Alamy Stock Photo; pág.23, (página entera) PCN Photography/Alamy Stock Photo; págs.24–25 Byron Motley/Alamy Stock Photo; pág.25 George Rose/ Getty Images; pág.27 NASA; pág.31 Archive Image/Alamy Stock Photo; todas las demás imágenes cortesía de iStock y/o Shutterstock.

Teacher Created Materials
5301 Oceanus Drive
Huntington Beach, CA 92649-1030
www.tcmpub.com

ISBN 978-0-7439-1284-6

Printed in China
Nordica.102019.CA21901929

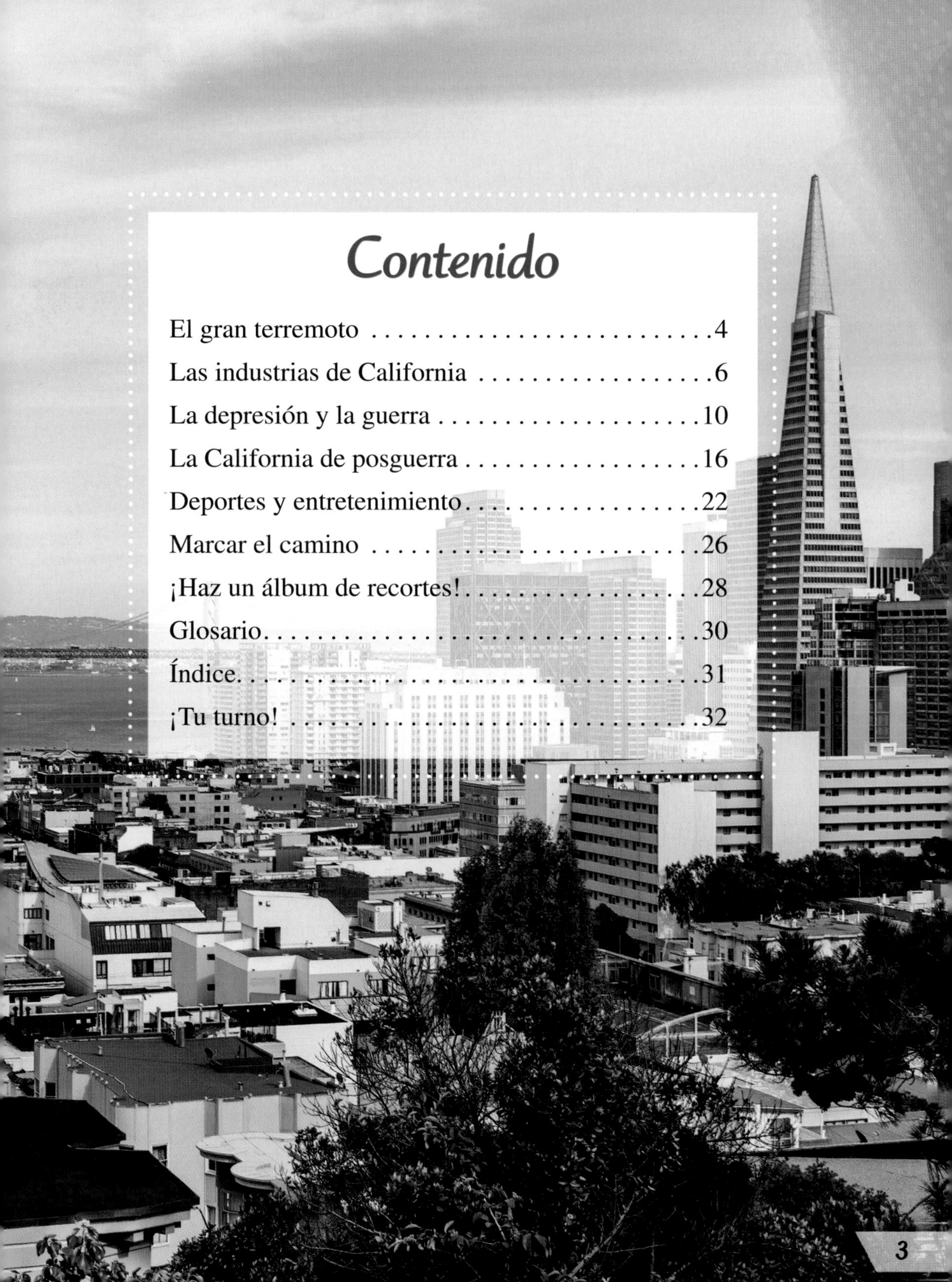

Contenido

El gran terremoto

"El temblor de mi cama y de mi casa me despertó de un sueño profundo".

—John J. Conlon, sobreviviente del terremoto

En 1906, un gran terremoto sacudió San Francisco. El temblor duró menos de un minuto. Pero provocó muchos daños. Se cayeron muchos edificios. Se produjeron incendios en toda la ciudad. Murieron miles de personas. Unas 28,000 edificaciones quedaron destruidas. Fue necesario reconstruir la ciudad.

sismógrafo

El más grande

La *escala de Richter* mide la magnitud de los terremotos. La escala va del 1 al 10. El terremoto de San Francisco fue el segundo más grande en la historia del estado. Registró 7.8 en la escala de Richter. El más grande fue el terremoto de 1857 en Fort Tejon. Midió 7.9.

Alrededor de 1.5 millones de personas vivían en California en 1906. La noticia del terremoto recorrió el mundo. Pero no impidió que más personas llegaran al estado. Había muchas razones para esto. Las personas venían a cultivar en los valles fértiles. Venían en busca de empleo en las nuevas **industrias**. Se tuvieron que construir nuevos pueblos y ciudades en todo el estado. La población continuó creciendo a lo largo del siglo XX. Hoy California tiene más de 38 millones de habitantes.

La Serie Mundial del terremoto

En 1989, los seguidores del béisbol se preparaban para mirar la Serie Mundial. El partido se jugaba en San Francisco. Jugaban dos equipos locales: los Giants de San Francisco y los Athletics de Oakland. El público quedó impactado cuando la cobertura televisiva previa al partido fue interrumpida por un temblor. El partido se pospuso 10 días. Fue el temblor más fuerte en la región desde 1906.

daños producidos por el terremoto de San Francisco de 1906

Las industrias de California

La industria del cine comenzó en la ciudad de Nueva York. Pero los **productores** de cine pronto se dieron cuenta de que Los Ángeles era un excelente lugar para hacer películas. El clima era cálido y seco. Había muchos espacios abiertos. Se podían hacer películas en exteriores durante todo el año. En la década de 1920, los estudios de Hollywood ya hacían la mayoría de las películas del mundo. La industria del cine de California se convirtió en una de las más grandes.

Cada vez más personas llegaban a Los Ángeles para trabajar en el cine. Al final de la década, la ciudad había duplicado su tamaño. Vivían más de un millón de personas en Los Ángeles. ¡Eso en 1930 era una ciudad gigante! No todos trabajaban en el mundo del cine. También había nuevos empleos en la creciente industria petrolera. Con tantos nuevos habitantes, la ciudad tuvo que construir nuevas viviendas y sistemas de transporte. Se construyó un sistema de tranvías. Viajar por la ciudad ahora era mucho más fácil.

cartel de una película de 1925

Películas mudas

Las primeras películas se filmaban en blanco y negro. Y no tenían sonido grabado. Estrellas como Charlie Chaplin se comunicaban por medio del lenguaje corporal y las expresiones faciales. Pero las salas de cine no eran totalmente silenciosas. A veces, un músico tocaba el piano o el órgano. En algunas ciudades grandes, podían tocar pequeñas orquestas.

set de filmación de la década de 1920

En la década de 1920, el famoso letrero de Hollywood decía "Hollywoodland". Continuó así hasta 1949, cuando se quitaron las últimas cuatro letras.

La diversidad antes y ahora

En la década de 1920, se produjeron muchos cambios. Muchos mexicanos se mudaron al norte. Querían vivir en Los Ángeles. La cantidad de mexicanos casi se triplicó durante esos 10 años. Hoy los habitantes de Los Ángeles provienen de alrededor de 180 países.

California es un estado agrícola clave. Los cultivos crecen muy bien en el suelo fértil del Valle Central. Pero algunas zonas del estado son muy secas. En la década de 1920, el **acueducto** de Los Ángeles llevó agua a zonas del sur del estado. Eso permitió que se cultivaran más tierras. Durante la Primera Guerra Mundial, las tierras de California produjeron cultivos suficientes para alimentar a los estadounidenses y a sus **aliados**. Los agricultores esperaban que ese período de **auge** fuera duradero.

En 1923, la cantidad de agricultores iba en aumento. El estado se convirtió en el principal proveedor de alimentos de la nación. Llegaron **migrantes** de México a trabajar en las granjas. Las nuevas tecnologías también ayudaron a los agricultores. Los vagones del ferrocarril estaban refrigerados. Ahora las frutas y verduras no se echaban a perder tan fácilmente. Se podían enviar productos frescos a otros estados.

El impacto mexicano

Los migrantes mexicanos no solo trabajaron mucho. También ayudaron a dar forma a la cultura del estado. Su influencia se puede ver en el idioma, las comidas, el arte y la música.

Esta postal de 1924 destaca la importancia de los trenes para la industria de los cítricos de California.

recolectores de bayas a comienzos del siglo xx

La depresión y la guerra

En 1929, el **mercado de valores** se desplomó. Los años posteriores a la caída financiera se conocen como la *Gran Depresión*. En California y en todas partes, los bancos perdieron enormes sumas de dinero. Muchos bancos tuvieron que cerrar. Debido a eso, las personas perdieron su dinero, y no había nada que pudieran hacer al respecto. Otras empresas también cerraron. Millones de personas se quedaron sin trabajo. Algunas se quedaron sin hogar y pasaron hambre. En California, más de un millón de personas necesitaron ayuda y apoyo.

Detrás de la lente

Dorothea Lange estudió fotografía en la ciudad de Nueva York. En 1918, dejó la ciudad para iniciar un viaje. Ganaba dinero vendiendo sus fotos. A Lange se le acabó el dinero en San Francisco, y decidió quedarse allí. Se hizo muy conocida durante la Gran Depresión. Tomó fotos de hombres desempleados de la ciudad. Luego le pidieron que tomara fotos de familias migrantes. Se esperaba que sus fotos llamaran la atención sobre sus míseras condiciones de vida. *Madre migrante* (que se muestra abajo) es una de las fotografías más famosas de Lange.

El dinero no solo era un problema en California. Durante esta época, Estados Unidos sufrió una de las peores **sequías** de la historia. Las tierras de cultivo se secaron. Las tormentas de polvo azotaban el país. Esta época se conoce como el *Tazón de Polvo*. Más de dos millones de habitantes del Medio Oeste tuvieron que buscar otro lugar donde vivir. Más de 200,000 se mudaron a California. Pero no fueron bienvenidos. Era una época difícil para todos. Muchos migrantes aceptaban trabajos mal pagados para sobrevivir.

Las fuertes tormentas de polvo cubrieron las herramientas de las granjas. Muchos agricultores se mudaron a California.

Las uvas de la ira

John Steinbeck nació en California en 1902. Tuvo muchos trabajos antes de ser escritor. A los 37 años, escribió *Las uvas de la ira*. El libro cuenta la historia de los migrantes durante la Gran Depresión. Los lectores de la época vieron su vida reflejada en la novela.

Geografía

Recuperación y resurgimiento

En 1933, Franklin D. Roosevelt llegó a la presidencia. Tenía un plan para ayudar a las personas durante la Gran Depresión. Se llamó el *Nuevo Trato*. Se establecieron programas y se dictaron leyes para que las personas volvieran a trabajar. Algunos construyeron carreteras y puentes. Otros construyeron escuelas y aeropuertos. En California, los trabajadores mejoraron la **infraestructura**. El Proyecto del Valle Central trajo agua y energía al estado.

Durante la década de 1940, la Segunda Guerra Mundial creó más empleo. El gobierno de EE. UU. necesitaba provisiones para la guerra. El país gastó miles de millones de dólares. California tuvo un gran papel durante los años de la guerra. El estado produjo muchas armas, aviones y barcos.

Durante la guerra, cambió el rol de las mujeres de California. Empezaron a hacer trabajos que siempre habían hecho los hombres. Trabajaban en fábricas y **astilleros**. Su aporte fue crucial durante los años de la guerra. Esto fue así en todo el país.

Después de la Segunda Guerra Mundial, California creció muy rápidamente. Se construyeron nuevas carreteras y viviendas. Las industrias relacionadas con las ciencias y la tecnología prosperaron. Estos empleos atraían a personas de todo el país. El estado se fortaleció después de la guerra y nunca miró hacia atrás.

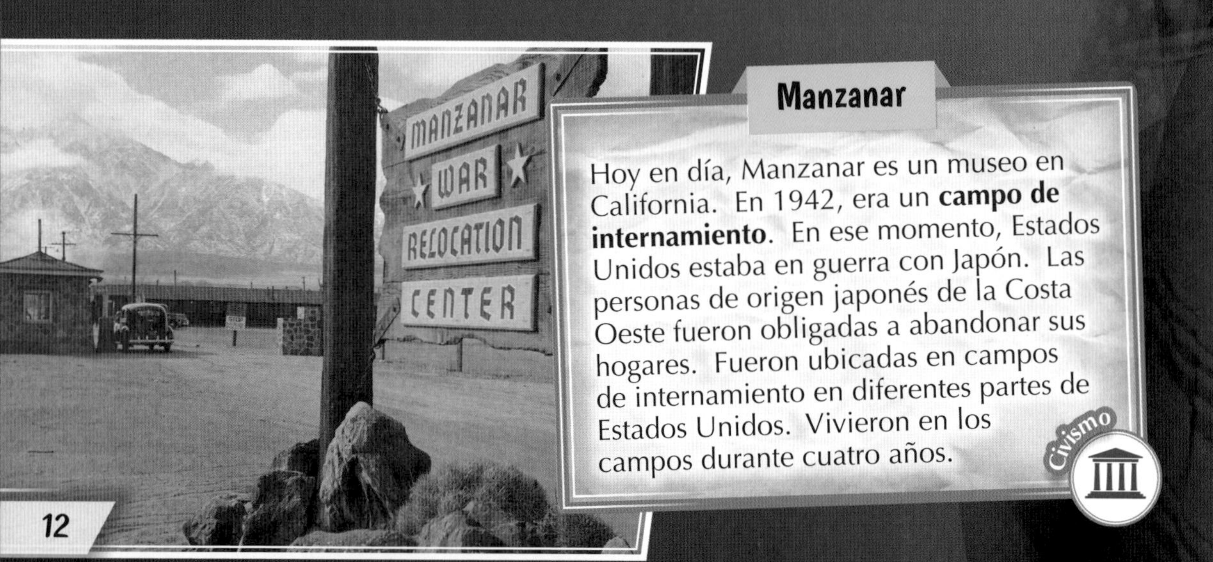

Manzanar

Hoy en día, Manzanar es un museo en California. En 1942, era un **campo de internamiento**. En ese momento, Estados Unidos estaba en guerra con Japón. Las personas de origen japonés de la Costa Oeste fueron obligadas a abandonar sus hogares. Fueron ubicadas en campos de internamiento en diferentes partes de Estados Unidos. Vivieron en los campos durante cuatro años.

Rosie la remachadora

En la década de 1940, fue necesario que las mujeres se sumaran a la fuerza laboral. Muchos hombres se habían alistado en las fuerzas armadas para luchar en la guerra. El gobierno creó carteles para alentar a las mujeres a trabajar. El cartel más famoso muestra a "Rosie la remachadora". En el cartel, Rosie aparece como una mujer fuerte, preparada para trabajar. El nombre del personaje estaba inspirado en una canción de 1943.

Economía

Dos mujeres trabajan en una empresa aeronáutica de Long Beach.

El museo de los astilleros

En Richmond hay un parque nacional. Fue creado para honrar a las personas que trabajaron en los astilleros. El parque destaca el papel clave que tuvieron las mujeres y los afroamericanos en la Segunda Guerra Mundial.

Una soldadora participa en la construcción de un barco en 1943.

un astillero durante la Segunda Guerra Mundial

El papel de Kaiser

Henry J. Kaiser fue un **empresario industrial** estadounidense. Cuando comenzó la Segunda Guerra Mundial, ideó un plan. Construyó cuatro grandes astilleros en la pequeña ciudad de Richmond. Esta ciudad está frente a San Francisco, al otro lado de la bahía. Allí solo vivían 23,000 personas en ese momento. Pero eso cambió. Durante la guerra, se contrataron 90,000 personas en los astilleros. Casi la tercera parte de los trabajadores eran mujeres. También se contrataron afroamericanos. Trabajaban por turnos. Esto sucede cuando varios grupos de personas hacen el mismo trabajo en diferentes horarios durante el día y la noche. Cuando terminaba el turno de una persona, otra empezaba a trabajar. Así se pudieron producir muchos barcos durante la guerra.

Kaiser ayudaba a sus empleados. Inició programas de salud y servicio de comidas. Incluso instaló un servicio de guardería infantil. Eso era poco común para la época. Kaiser también ideó una manera de construir barcos más rápido que nadie. En los astilleros, se fabricaron cientos de barcos de guerra. Kaiser se hizo muy conocido por su arduo trabajo y por el éxito que logró.

El legado de Kaiser

Kaiser no solo construyó barcos. Después de la Segunda Guerra Mundial, su empresa empezó a fabricar carros. Los carros que fabricaba tenían características **innovadoras** en materia de seguridad. Antes de la guerra, ayudó a construir la represa Hoover. También fundó uno de los grupos de asistencia médica más grandes de la actualidad: Kaiser Permanente.

Economía

HULL
Nº 146

La California de posguerra

Más de 800,000 californianos sirvieron en la Segunda Guerra Mundial. Después de la guerra, las personas debieron adaptarse a su nueva vida. Muchos soldados volvieron a vivir a California. Su vida era muy diferente a cómo era antes de la guerra. El estado ayudó a los **veteranos** a conseguir empleo y vivienda.

El estado también cambió debido al crecimiento de la población. Pronto surgieron nuevas ciudades. Se construyeron carreteras, autopistas y puentes. Los habitantes de las ciudades necesitaban escuelas. Ese crecimiento creó nuevos empleos. La industria aeroespacial también creció después de la guerra. Muchas personas trabajaban en esas fábricas. Algunas tierras de cultivo se despejaron para dar espacio a todas las personas que se mudaban al estado. Se construyeron edificios de muchos pisos. El estado se veía muy diferente a cómo era en 1941.

La industria aeroespacial

California es un estado líder en muchas áreas. Un área en la que se destaca es la industria aeroespacial. Los trabajadores de esta industria diseñan, construyen y ponen a prueba todo tipo de aeronaves. Pueden trabajar con planeadores, globos aerostáticos o aviones. Hasta trabajan con cohetes y transbordadores espaciales.

Economía

En la década de 1950, se construyeron más autopistas alrededor de Los Ángeles.

Un cambio en la sociedad

En la década de 1950, las personas se enfocaban en la familia y el entretenimiento. Pasaban más tiempo con los amigos y la familia. Se abrieron dos parques temáticos en el estado. Disneyland® abrió en 1955. Sea World abrió 10 años después. Pero todo estaba a punto de cambiar. Comenzó a crecer una **contracultura**. Los poetas, músicos y artistas fueron los pioneros. En California, actuaban y hablaban con libertad. Se conocieron como la *generación beat*.

La década de 1960 fue un tiempo de **convulsión** en Estados Unidos. La guerra de Vietnam dividió al país. El movimiento por los derechos civiles creció en todo el Sur. California fue el centro de un movimiento por la libertad de expresión. Había personas enojadas con las injusticias que ocurrían en el mundo. Y expresaban su opinión. Muchos se establecieron en San Francisco. Su cabello largo y su manera de vestir llamaban la atención. Eran los *hippies*.

Disneyland

Desde su inauguración, Disneyland se ha convertido en uno de los grandes empleadores de la región. El día de apertura había 1,280 trabajadores. En 10 años, ese número creció más de tres veces. En 2001, se abrió un segundo parque. Juntos, **emplean** a decenas de miles de personas.

Estudiantes participan en una **manifestación** en la Universidad de California en Berkeley, en 1964.

Silicon Valley

El valle de Santa Clara está ubicado en el norte del estado. Es más conocido como *Silicon Valley*. San José es la ciudad más grande de la región. El silicio es un elemento. Se usa para hacer los chips de las computadoras. Por eso el valle se conoce con ese nombre. El valle ha sido un centro tecnológico desde la década de 1970.

Ojos en el cielo

Economía

Los satélites son máquinas que giran alrededor de la Tierra. Recolectan datos que los científicos estudian. Las empresas de California tienen un papel muy importante en la producción de estos "ojos en el cielo". Seis de cada diez satélites del mundo se construyen en California. Y uno de cada cinco satélites comerciales se lanza desde allí.

Silicon Valley

En 1976, Steve Jobs creó una empresa llamada Apple®. Está en Silicon Valley. La primera computadora que lanzó Apple parecía una máquina de escribir, pero cambió el mundo. Más empresas se unieron al auge tecnológico. Pronto, el valle se llenó de **empresas emergentes**. Muy pocas empresas cambiaron el mundo como lo hizo Apple.

Luego, llegaron Google® y Yahoo!® en la década de 1990. Desde entonces, la tecnología no ha dejado de crecer. Hoy en el valle hay miles de empresas de alta tecnología.

Googleplex

Googleplex es el nombre de la sede central de Google en el mundo. Allí los empleados gozan de beneficios muy particulares. La empresa ofrece bicicletas para recorrer el campus. ¡También hay áreas donde los empleados pueden tomar una siesta!

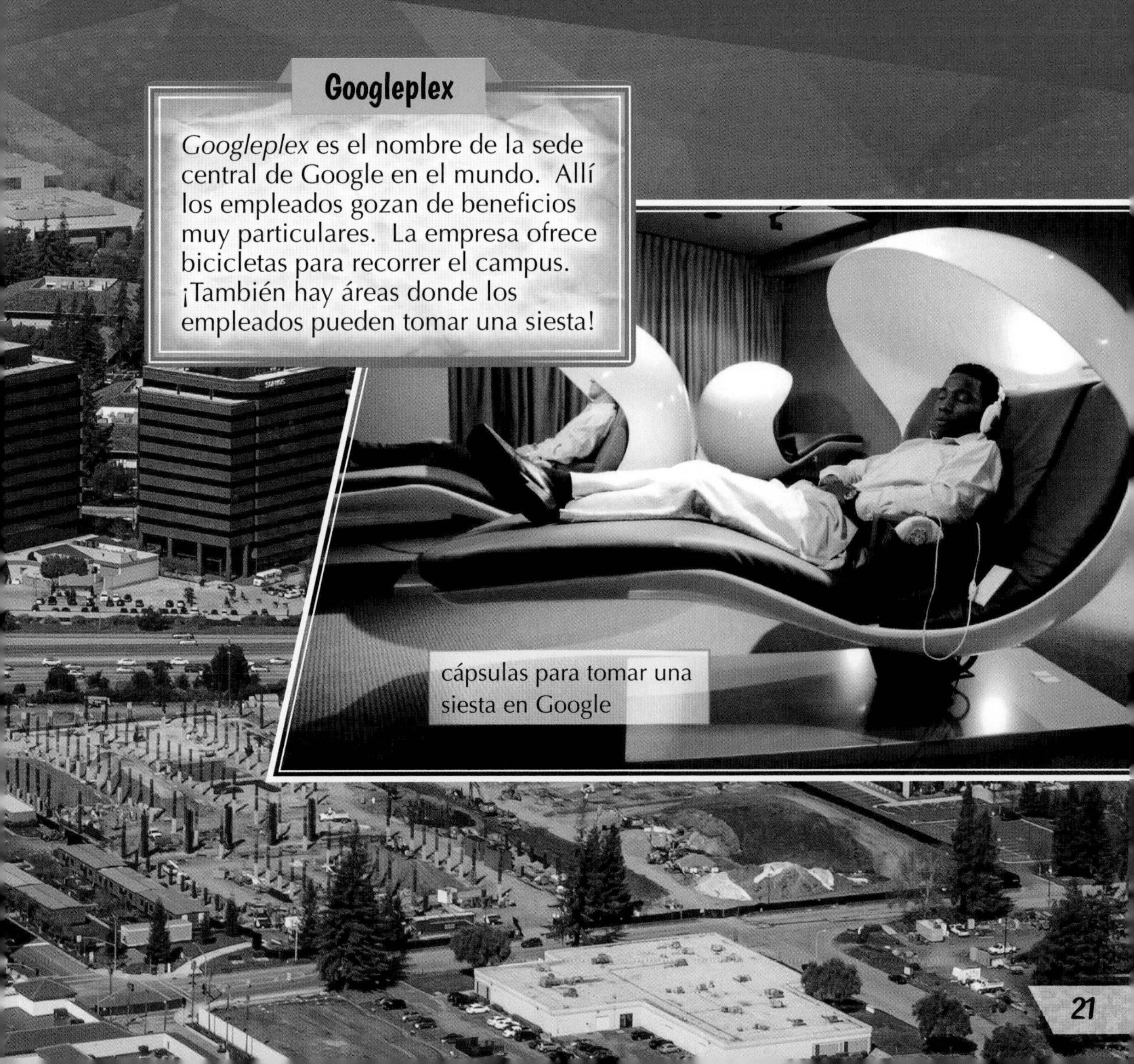

cápsulas para tomar una siesta en Google

Deportes y entretenimiento

California tiene muchos parques temáticos. El estado es el hogar de estrellas de cine famosas. Hay playas hermosas. Más de trescientos días al año son soleados. Hay muchas cosas para hacer y ver en el estado. A partir de la década de 1980, los deportes y la música ganaron protagonismo.

Deportes

Los equipos deportivos de California siempre han sido muy populares. ¡En el estado, hay muchas personas que pueden seguirlos! Los 49ers de San Francisco fueron uno de los mejores equipos de fútbol americano en la década de 1980. La estrella del equipo era Joe Montana. El equipo ganó cuatro Supertazones en 10 años. En Los Ángeles, los "Showtime" Lakers entretenían al público. El equipo era liderado por Earvin "Magic" Johnson Jr. y Kareem Abdul-Jabbar. Los equipos de béisbol del estado ganaron tres Series Mundiales en la década de 1980.

En 1984, el mundo puso sus ojos en Los Ángeles. La ciudad fue anfitriona de los Juegos Olímpicos. A los estadounidenses les fue bien. Carl Lewis ganó cuatro medallas doradas en atletismo. Mary Lou Retton ganó la medalla dorada en gimnasia. ¡Obtuvo dos calificaciones de 10 puntos!

El béisbol de la Costa Oeste

No hubo equipos de las grandes ligas de béisbol en la Costa Oeste hasta 1957. Ese año, el estado tuvo dos equipos. Los Dodgers de Brooklyn se mudaron a Los Ángeles. Y los Giants de Nueva York se mudaron a San Francisco. ¡Hoy hay cinco equipos de béisbol en el estado!

Geografía

En 1984, la ciudad de Los Ángeles tuvo el honor y la emoción de organizar los Juegos Olímpicos.

Leyenda del básquetbol

Kareem Abdul-Jabbar es uno de los mejores jugadores de básquetbol de todos los tiempos. Es conocido especialmente por los 15 años en que jugó con los Lakers de Los Ángeles. Hoy, Abdul-Jabbar dedica su tiempo a retribuir a la sociedad. Patrocina a la Fundación Skyhook. Este grupo trabaja con el Distrito Escolar Unificado de Los Ángeles para enviar estudiantes al campamento Skyhook. Este campamento de una semana brinda aprendizaje práctico en ciencias y matemáticas.

Música

Cada año, los amantes de la música van a conciertos. Escuchan la radio y compran mucha música. Hoy se descargan canciones en apenas unos minutos. En la década de 1990, la música venía en discos compactos (CD). Los CD mejoraron la calidad de sonido de la música. Los casetes no tenían un sonido muy claro. Los discos de vinilo eran aún peores. Hoy la música suena más clara que nunca.

La música y las bandas del estado demuestran la diversidad de California. La música hip hop comenzó en Nueva York. Pero su popularidad creció en la Costa Oeste. Los raperos del estado impregnaron las letras de las canciones con los sonidos y las culturas locales. El rock *indie* también se volvió popular. Muchas personas crearon los sonidos del Estado Dorado.

Festivales de música de California

En California, hay grandes eventos musicales. Coachella es el más conocido. Comenzó en 1999 e incluía bandas y artistas no muy conocidos. Desde entonces, se ha convertido en el escenario de grandes estrellas del pop. Stagecoach también es un evento musical de California. El festival de música *country* comenzó en 2007.

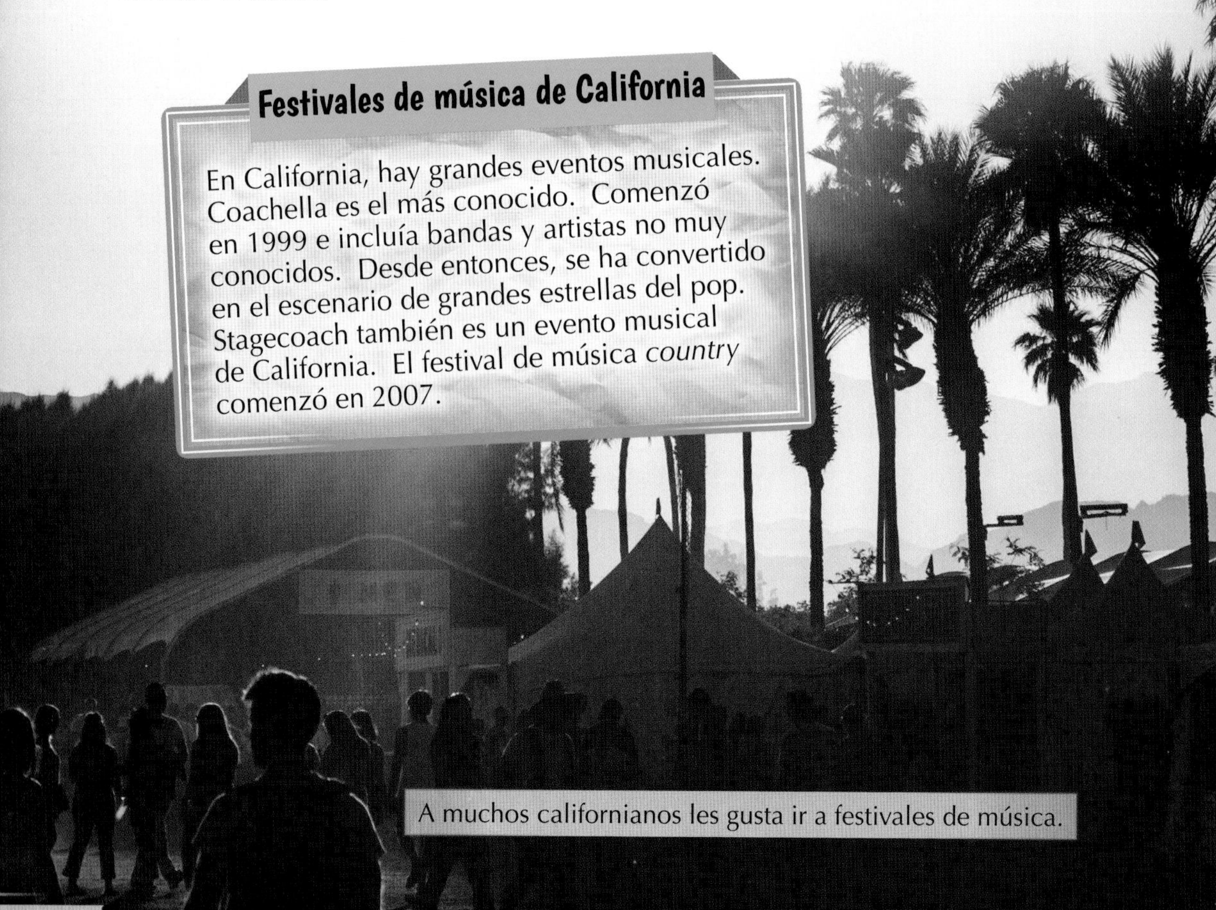

A muchos californianos les gusta ir a festivales de música.

Una torre poderosa

Capitol Records es una compañía discográfica. Comenzó en Los Ángeles durante la década de 1940. Muchas bandas trabajan con esta empresa. Su sede está en un edificio especial. El edificio es un **punto de referencia** de Hollywood.

Marcar el camino

El estado de California y sus habitantes son líderes en muchas áreas. Son líderes en agricultura y tecnología. Son líderes en deportes y negocios. El estado también es pionero en la **conservación** del medioambiente. Los gobernantes del estado han creado leyes para proteger la naturaleza. Fomentan programas de reciclado y promueven el ahorro de agua y de energía. Todo este esfuerzo está dando sus frutos. La contaminación y los desechos se han reducido en el estado.

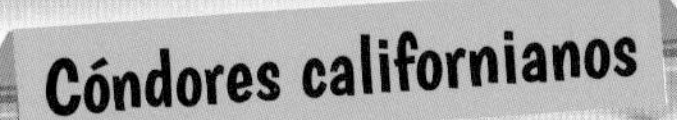

Cóndores californianos

Los cóndores californianos están en la lista de especies en peligro de extinción. En la década de 1970, solo quedaban unos pocos viviendo en estado salvaje. En 1987, el número se había reducido a 10. Se ideó un plan para salvarlos. Se criaron cóndores en zoológicos. En 1992, algunos fueron liberados en la naturaleza. En 2014, más de 400 cóndores vivían en estado salvaje o en zoológicos.

Los campos eólicos ayudan a reducir la contaminación.

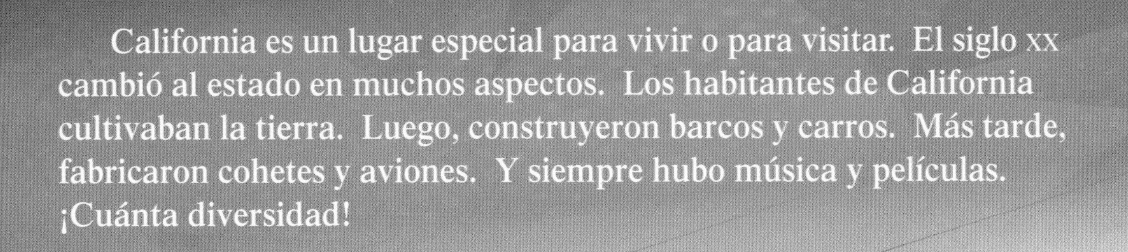

California es un lugar especial para vivir o para visitar. El siglo XX cambió al estado en muchos aspectos. Los habitantes de California cultivaban la tierra. Luego, construyeron barcos y carros. Más tarde, fabricaron cohetes y aviones. Y siempre hubo música y películas. ¡Cuánta diversidad!

Una maestra en el espacio

Barbara Morgan nació en Fresno. Fue la primera maestra en llevar a cabo una misión en el espacio. Durante 24 años, enseñó en una escuela primaria de Estados Unidos, y también en Ecuador. Luego, en 1998, la NASA la eligió como astronauta educadora. El primer viaje al espacio de Morgan fue en 2007. Trabajó más de 300 horas en el espacio. Se retiró de la NASA al año siguiente.

¡Haz un álbum de recortes!

En el siglo xx, California creció en muchas áreas. Llegaron inmigrantes de todas partes del mundo. Después de la Gran Depresión y la Segunda Guerra Mundial, otras industrias se unieron a la agricultura para hacer crecer la economía del estado. La tecnología prosperó en Silicon Valley. Los deportes y el entretenimiento siguieron cumpliendo un gran papel en el estado.

Elige cinco sucesos del siglo xx. Elige cosas que creas que fueron de las más importantes para California durante el último siglo. Diseña una página de un álbum de recortes para cada suceso que incluya al menos una fotografía. Asegúrate de explicar por qué elegiste cada suceso.

16

Glosario

acueducto: un canal hecho por el ser humano que lleva agua de un lugar a otro

aliados: países que se unen con un objetivo o una meta en común

astilleros: lugares donde se construyen y reparan barcos

auge: un período de crecimiento, progreso o expansión

campo de internamiento: un lugar al que un grupo de personas son obligadas a trasladarse

conservación: la protección de los recursos naturales para poder usarlos más tarde

contracultura: una cultura cuyos valores y principios morales son diferentes de los que tienen la mayoría de las personas

convulsión: un estado de confusión o caos

emplean: contratan a alguien para hacer un trabajo

empresario industrial: una persona que tiene o dirige una compañía

empresas emergentes: nuevas compañías

industrias: grupos de empresas que trabajan en conjunto para brindar determinados productos o servicios

infraestructura: estructura básica para la industria de un estado

innovadoras: que usan ideas nuevas o interesantes

manifestación: una reunión en la que un grupo de personas expresan su desacuerdo con algo

mercado de valores: el lugar donde se compran y venden acciones y bonos

migrantes: personas que van de un lugar a otro en busca de trabajo

productores: personas que supervisan y ayudan a pagar los gastos de un espectáculo

punto de referencia: un objeto o una estructura que es fácil de ver y puede servir como guía para localizar un lugar

sequías: períodos largos de tiempo seco

veteranos: personas que sirvieron a su país en las fuerzas armadas durante un período de guerra

Índice

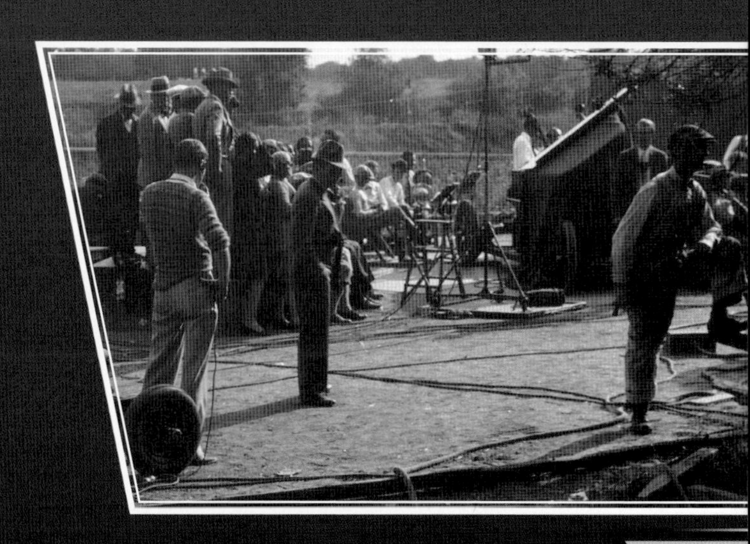

¡Tu turno!

Planificar

Los habitantes de California tienen que estar preparados para un terremoto en cualquier momento. Deben tener siempre listo un equipo de emergencia.

Piensa en todas las herramientas, provisiones y otros materiales que podrían ser necesarios después de un terremoto de gran magnitud. En una hoja grande de papel, diseña e ilustra un equipo de emergencia para ti y tu familia. Usa rótulos y leyendas para explicar por qué incluiste esos objetos. Si tienes mascotas, ¡asegúrate de incluir lo que ellas necesiten!